시심시불

해안 선사 시집

是心是佛

운주사

자서 自序

백천만억 무량겁을 내려오면서, 바른 길을 찾지 못하여 가지가지의 고생살이 험하기 말할 수 없었나이다.

산에서 쏘다니기가 몇 해였으며, 바다에서 헤매기는 또 몇 해런고! 길에서 쓰러지기도 한두 번이 아니요, 벌판에서 밤을 새우기도 천 번 만 번이 더 되나이다.

호랑이 여우굴에서 몇 해를 보냈으며, 노루 사슴의 뱃속에는 몇 번이나 들랑거리었던고!

비바람 무릅쓰고 걸어가는 고생도 어마어마하였거니와, 등불 없는 칠야 삼경에 길 잃고 헤매던 추억도 아슬아슬하였나이다.

때로는 백만 마적魔敵의 날카로운 칼날에 목숨이 날아갈 뻔도 하였고, 가다가는 탐진치 삼독三毒의 치

열한 불 속에서 전신이 타버릴 뻔한 적도 여러 번이었거니와, 일일일야一日一夜에 만사만생萬死萬生하는 오뇌懊惱는 실로 괴롭기 짝이 없었나이다.

이러다가 어찌 다행히 불문佛門에 들어올 인연이 도래하여, 학명鶴鳴 선사를 참參하옵고, 은산철벽銀山鐵壁을 뚫어야 산다는 한 마디에 과거의 소지所知를 돈망頓忘하고, 칠일칠야를 일념부동삼매一念不動三昧 중에 홀연히 자기 특유의 세계가 전개됨을 따라 비로소 무량백천만겁을 헤매며 찾던 정로正路를 발견하였소이다.

그러나 다생의 습기가 하루 이틀이나 1년, 2년에 소제消除됨이 아니어서, 가다가는 가끔 자기도 모르게 옛날의 걷던 길을 밟은 적이 허다하였습니다.

회고컨대, 속연俗緣이 16년, 법연法緣이 45년, 이제 61년의 갑년甲年을 맞이하게 되오매, 실로 감개무량의 소회가 적지 않습니다.

그러나 붓이 모자라고, 말이 부족하여서 내 심정을 내가 다 그리지 못함이 크게 한이 되나이다.

오늘부터 새로 한 살, 이제는 사람이라는 '탈'을 벗으려고 합니다.

그동안 사람 노릇도 못하면서 어설픈 사람 흉내를 내느라고, 퍽이나 부자연하고 부자유한 가면생활을 한 것이 지옥고地獄苦보다 더 괴로웠습니다.

남에게 칭찬을 받기 위하여서는 억지 얌전을 꾸며 왔었고, 남에게 잘한다는 말을 듣기 위하여서는 위선僞善을 가작假作하였으며, 남에게 나의 무지를 감추기 위하여서는 짐짓 아는 척하였고, 내 위신을 나타내기 위하여서는 가장假裝의 의상을 착용하는 등, 지나간 과거의 모두가 나의 진심에서가 아니었던 것을 부끄러이 생각하고, 오늘부터는 자연 그대로 나머지 여생을 보내려고 합니다.

남이 나를 칭찬하거나 비웃거나 비난하거나 사람이 아니라고 하거나, 이런 것들은 나의 관심이 아닙니다.

노래하고 싶으면 노래하고, 시를 읊고 싶으면 시를 읊고, 경을 외우고 싶으면 경을 외우고, 염불을

하고 싶으면 염불을 하고, 명상을 하고 싶으면 묵좌
黙坐하고, 호미를 들고 싶으면 호미들고, 씨 뿌리고
싶으면 씨를 던지고, 열매를 따고 싶으면 열매 따며
이 몸이 성불하는 날까지는 끊는 대로 끊어보고 닦
는 대로 닦아보려고 합니다.

내 일찍이 시집 한 권을 읽어본 적이 없거니 감히
시를 쓴다 하리요.
시라 하면 천부당 만부당의 말이요, 그렇다고 해
서 이것은 문文이라고 할 수도 없으나, 그렇지만 시
와 문을 모르는 사람이라고 해서 생각조차 없는 것
은 아니므로, 시 아닌 시, 글 아닌 글을 잘 되었건 못
되었건 생각나는 대로 게송으로 적어 제題를 '시심
시불是心是佛'이라고 이름하여 둡니다.
이것은 거짓글입니다. 참글은 말이 없고 문자가
없는 것입니다.
이 거짓글로 인하여 장차 참글을 읊는 이가 나오
게 된다면 이 거짓글의 면목이 과히 부끄럽지 않을

것으로 생각하고, 나를 아는 벗이나 불법을 알고자
하는 분들이 일독하시고 다소라도 일조가 된다면
이보다 더 큰 행복이 없겠나이다.

시심시불是心是佛 (1)

이 마음이 부처시라
어디인들 님 아니 계시리
그 무엇이 님 아니시리
백억화신 요 내-님이
봄바람에 춤을 추네

이 마음이 부처시라
마음 밖에 부처 없네
모두가 부처시라
부처가 따로 없네
너도 나도 부처시라
절할 곳이 따로 없네
절할 곳이 없사오라
절할 사람 누구이리

이 마음이 부처시라

온 대지가 부처시네

온 대지가 부처시라

님 한 분뿐이옵네

님 한 분뿐이오라

부처란 이름도 거짓이옵네

시심시불 是心是佛 (2)

눈 없어 보지 못하고
귀 없어 듣지 못하네
눈이 있어도 보지 못하고
귀가 있어도 듣지 못하네

입이 없어 말 못하고
발이 없어 오가지 못하네
입이 있어도 말 못하고
발이 있어도 오가지 못하네

크게 미련하여
아무것도 몰라라

이 무엇인고(是甚摩)

크고 커서 밖이 없고
작고 작아 안이 없네
길고 길어 끝이 없고
짧고 짧아 가운데가 없네
모나서 뿔과 같고
둥글어 공과 같네

밝고 밝아 백일白日이 부끄러워-하고
맑고 맑아 청천靑天도 시새우네
아 이것이 무엇인고

나

나는 누구며
너는 누구야
나를 나라 하고
너를 너라 하면
너 나 하는 사람은
또 누구냐

나 없으면 너 없고
너 없으면 나 없으리
너 나 둘 다 없고 보면
온 대지가 모두 나 하나뿐이리

무유정법無有定法

하늘이 땅이오며
땅이 하늘이오라

하늘은 하늘이요
땅은 땅이지마는

하늘이 본래 하늘이 아니요
땅이 본래 땅이 아니오라

막힌 데가 장벽이 아니라오
터진 데를 허공 삼지 마오

색이 색이 아니요
공이 공이 아닌 줄만 알면

북두성北斗星을 남에서 보리라

연꽃이 불속에서 피리라

염불

나는 고요히 앉아서
북과 광쇠를 울리며
아미타불을 모시노라
나무아미타불
나무아미타불

내 염불소리는
멀리 멀리 십만 억 국토를 지나서
서방정토 극락세계에까지 가노라
철위산간鐵圍山間 팔만사천 지옥에까지 가노라
내 염불소리는 곡조를 맞추어
높았다 낮았다 길었다 짧았다
일념에서 무념에 이르노라

나는 나도 모르게
아미타불만 부르노라면
삼십육만억 일십일만 구천오백의
같은 명호를 가진 부처님들이
내 앞에 강림하시어라
나무아미타불
나무아미타불

이러다가는 또다시
수많은 부처님들이
한 분으로 되시어 보이며
그러다가는 한 분마저 안 보이시고
나까지도 없어져라

나는 서방정토를 원하지 않노라
나는 극락세계도 바라지 않노라
그저 무서운 무간지옥無間地獄에서라도
나는 나무아미타불만 부르고 싶노라

나무아미타불만 부르고 있으면

마음이 저절로 서늘하여서

마음이 저절로 고요하여서

마음이 저절로 편안하여서

마음이 저절로 포근하여서

나는 아미타불을 부르노라

나무아미타불

불법佛法

누가 있어 나에게
무엇이 불법이냐고 물으면
나는 무엇이 불법이라고 대답하리

불법은 뜻이 없나니
뜻을 묻지-마소

동산의 삼 서근(麻三斤)
운문의 호떡(胡餠)
황벽의 삼십봉三十棒
조주의 무無자
이것이 불법이라네

불법은 가장 친한 데 있으니

의심 말고 차 마시소

딴 생각을 내게 되면

불법과는 멀어지네

본래면목 本來面目

푸르고 빈 하늘
넓고 아득한 땅
높은 산 깊은 바다
붉은 꽃 푸른 버들
그 어느 것이 님의 얼굴 아니리

꾀꼬리 노래 제비 말
부엉이 두견이 개구리 울음
바람소리 물소리
그 어느 것이 님의 소리 아니오리

천지에 명랑明朗한 태양
태양에 빛나는 새금치
십오야 밝은 달

거리에 휘황한 전등
풀 속에 반짝이는 반디
그 어느 것이 님의 빛이 아니오리

뭉게뭉게 타오르는 백단향 전단향
아침이슬 머금은 장미화
영산홍 왜철쭉 진달래
진흙 속에서 솟아 피는 백련 홍련
그 어느 것 하나 님의 향기가 아니오리

오욕에 빠져 즐기는 중생들아
너 즐기는 것 화택火宅임을 알아라
네 가슴에 타는 불이 꺼져사
네 눈이 걸림 없이 밝아서
님의 얼굴을 친견하리라

육근六根의 종노릇 하는 인생들아
종소리 들으면 북소리에 어둡고

피리소리 들으면 물소리에 막히나니
네가 가진 것 모두를 버리라
고금에 한 소리밖에 없나니
이러고야 님의 소리를 들으리라

사랑과 미움과 질투의 줄로
묶여서 버둥대는 중생들아
놓아라 실답지 못한 애욕의 줄을
이 때문에 다생을 두고 윤회하지 않는가
적나라赤裸裸 적쇄쇄赤洒洒한 청정한 몸만이
만고불멸의 님의 광명을 받으리라

삼독三毒의 고해苦海에 허덕이는 중생들아
지혜의 보검을 잡아서
무명의 번뇌를 베어버려라
생멸이 다하고 적멸寂滅이 현전할 때
비로소 님의 그윽한 향내를 맡으리라

님이여

나는 님을 찾습니다
나는 님을 부릅니다
님이여 나에게 빛을 주소서
님이여 나에게 소리를 주소서

저 구름 밖에 멀리 보이는 것일까요
언제나 이 한 곳에서 살고 있다오
언제나 이 자리에서 쉬고 있다오

이 산과 이 물이 없어져 다하고
이 하늘 이 땅이 꺼져 무너져도
만 년 또 만 년을 몇 번이고 수도 없이
이 한 곳에서만 살아온다오
이곳을 못 찾아 헤매고 있는

가여운 나그네들의 고달픈 영靈은
언제나 이 자리에 돌아와 편히 쉬어 보리
언제나 이곳에서 편안히 쉬고 있으리

저 대숲 아래 고요히 속살거리는 것일까요
저 하늘가에 윤곽만 보이는 것일까요
저 고요한 밤에 나를 부르는 것일까요

님이여 나에게 가피加被를 주소서
님이여 나에게 신호信號를 주소서
아니오면 나에게 미움을 주소서
그도 아니오면 나를 모르는 것이 님인가요
님이여 나는 님을 알았나이다
빛도 소리도 이름도 없는 님을
님은 님도 아니신 님을
나 홀로 부르는 님입니다

병病

앓는 것이 병일러니
나아도 병이어라
괴로워 병일러니
즐거워 병이어라
늙어서 병인가 했더니
젊어서 병이어라
어리석어 병일러니
밝아서 병이어라
적어서 병일러니
많아서 병이어라
작아서 병일러니
커서 또한 병이어라
길어서 병일러니
짧아서 병이어라

둥글어 병일러니

모나서 병이어라

취한 것이 병일러니

깨도 또한 병이어라

없어서 병 되더니

있어 또한 병이어라

몰라서 병일러니

아는 것이 병이어라

팔만사천 많고 적은 이 병을

님의 대비원大悲院에 맡기고저

비심비불非心非佛

마음을 보면 마음도 아니라오
부처를 깨달으면 부처도 아니라네
그러나 또한
마음이 아니래도 마음
부처가 아니래도 부처인걸

시심시불是心是佛도 그만두라
비심비불非心非佛도 말 마라
시자야
차 한 종지를 가져오라

시심시색是心是色

파란 꽃에 파란 마음
노란 꽃에 노란 마음
붉은 꽃에 붉은 마음
하얀 꽃에 하얀 마음
모난 꽃엔 모난 마음
둥근 꽃엔 둥근 마음
큰 꽃에는 큰 마음
작은 꽃에는 작은 마음

오- 정定함 없는 마음이여!
오- 주住 없는 마음이여!
오- 걸림 없는 마음이여!

마음

마음은 형상이 없다네
바다는 마르면 밑을 보아도
사람은 죽어도 마음 알기 어렵다네
그러나 나는
마음의 얼굴을 보았노라

산에서 움직이지 않는 마음을
물에서 흘러가는 마음을
허공에서 가없는 마음을
바늘귀에서 작은 마음을
낮에는 밝은 마음을
밤에는 어두운 마음을
탐진치貪嗔痴에서 삿된 마음을
계정혜戒定慧에서 바른 마음을 보았노라

포행布行

이 마음 바람 되어

청靑

황黃

적赤

백白

꽃들을 불어 날려

보기 좋게 흔들며 돌고 있다

* 참선하는 사람들이 앉아서 한 시간쯤 공부하다 일어나서 얼
  마동안 도는 것을 포행이라 함.

무無

무無는
유有와
이름만 다르니라
진실로 무를 알고자 할진대
무는
무가 없어야 참이니라
무라는 이름도 없거니
무를 생각할 사람인들
그 어디에 있으리

공空

공이면 텅 비었다
아무것도 없다
나라는 존재도 있을 수 없다
사람들은 이것이 무서워서
공이 될까 두려워한다
노자老子는 한 몸이 있음을 근심하고
불타佛陀는 무아無我를 말씀하셨네
나는 공까지도 버리지 못하여
이것을 걱정하노라

보시 布施

하늘은 비와 이슬을 주고
해는 따뜻한 빛을 주며
바람은 서늘한 공기를 보내네
나는
이 땅에 무엇을 줄까

지계持戒

때 없는 고운 옷 차림차림
님의 눈에 보이고저

멀고 가까움이 없는 한 소리로
님의 귀에 들리고저

냄새 없는 맑은 향을
님의 코에 보내고저

무상청정無上淸淨 선열미禪悅味를
님의 입에 공양코저

뜻 없는 청풍淸風을 보내어
님의 몸을 만지고저

많고 적은 일체법一切法을

좋고 낮고 님의 뜻에 맡기고저

인욕忍辱

지나간 옛날
석가가 가리왕에게
몸을 찢기면서도
그를 원망치 않고 참았다 하여
이를 인욕선인忍辱仙人이라 부른다 하오

그러나 이것은
중생들의 자기 생각이리
어떻게 아픈 것을 참을 수 있겠는가

할절신체를 당하던 그때에도
석가는 찢김을 받은 일이 없고
찢은 가리왕도 보지 못하였느니

정진精進

나라 위하여 오신 님이어든
백성 위하여 오신 님이어든
뒤를 돌아보지 마소서

천길절벽에서
나뭇가지를 붙들고
살려고 발발 떨지만 말고
한 손을 마저 놓아버리소서

보람 있는 삶은
죽음에서 오는 것임을
님도 응당 아시오리

선정 禪定

산에만 님 계신가 하였더니
들에도 님 계시네
어제만 님 계신 줄 알았더니
오늘도 님 아니 떠나셨네
보이는 것만 님이신가 하였더니
들리는 것도 님이시네
어여쁜 것만 님일러니
미운 것도 님이시네
정든 것만 님일러니
무정한 것도 님이시네
님만 님이신 줄 알았더니
모두가 다 님이시네
무시로 내려오며 모신 님이시니
천겁만겁을 함께 살까 하노라

지혜

금강왕보검을 휘둘러

팔만사천 마군魔軍을 무찔러 죽이리라

십만 억 국토에 대광명을 놓아

검수도산劍樹刀山의 지옥들을 부시어 버리리라

무애자재無碍自在의 백억화신을 나투어

인연 따라 일체중생을 건지오리다

* 이상 보시, 지계, 인욕, 정진, 선정, 지혜를 육바라밀이라 한
다. 보살이 성불에 이르는 여섯 가지 수행 덕목이다.

하나 (1)

불자야
네가 저자(市場)에를 가 보았느냐
거기서 많은 사람들의 꼴을 보았느냐
보아서 그 무엇을 얻었느냐

머리에 이고
등에 짊어지고
손에 들고
발로 밀고
눈으로 지키고
앉고 서고
가고 오고
싸우고 말리고
웃고 울고

먹고 마시고
사고 팔고
쫓고 달아나고
이 밖에도 가지가지의 움직임
그리고 천만가지의 이름과 상相

불자야
이것 모두가 누구의 조화인가
너도 모르는 하나의 이두인裏頭人이
백이며 천이며 만을 만들어 내나니
부사의不思議 비밀과 묘용妙用을 가진 것이
고금에 하나인 네 주인임을 알라

하나 (2)

불자야

저 집을 보아라

들보

기둥

도리

중방

추녀

연자

이 밖에도 많은 종목들

이것이 모두

나무 '하나'인 것을 아느냐

불자야

'나무'인 줄만 알면

다시는 의심할 것 없느니라

긴 놈은 긴 데

짧은 놈은 짧은 데

큰 놈은 크게

작은 놈은 작게

넓으면 넓은 데

좁으면 좁은 데

자르고 깎고 쪼개고 다듬어서

네 소용대로 만들어 쓰려므나

보소寶所

하늘에도 올라가 보고
땅속까지 뒤졌노라
시방세계를 두루 살피고
삼세三世를 빠짐없이 찾았노라
그러나 님은 어디에 계신고
아무도 아는 이 없으니
아마도 님이 계신 곳은
보소寶所인가 하노라

무용無用

강을 건넜으면 떼를 버리소
고기를 잡았거든 쑤기를 버리소
달을 보았거든 손가락을 놓고
집에 돌아왔거든 길을 묻지 마소
병 없는 사람에게 약 있어 무엇 하리
쓸데없는 사람의 앞에는
부처의 설법도 잠꼬대이리

합장

합장은

내 생명의 과거요 현재요 미래이오라

합장은

내 생명의 회고回顧요 참회요 발원이오라

합장은

님의 화신化身이요 님의 광명이요 님의 법보法寶이
오라

합장은

님의 마음이오 나의 전신全身이오라

심경心經

나의 선조 때부터 전해온

경 한 권의 가보를 가졌노라

펴보아 글자 한 자 없건만

이것이 삼세제불의 소의경所依經이오라

나 또한

이 광명 가운데에서 살고 있사오리

참회

다겁을 내려오면서
신구의로 지은 죄
산더미같이 쌓였나이다

몸으로
살생하고 도적질하고 음행죄를 지었고
입으로
거짓말 꾸미는 말 이간질 욕하는 죄를 지었고
뜻으로는
탐심貪心 진심嗔心 치심癡心 죄를 한없이 지었나이다

그러나 이 모든 죄의 뿌리는
내 마음에서 생겨났음을 깨닫고
님의 앞에 이마 숙이고 합장하고 섰나이다

이 마음 닦고 닦아

때 없이 만들고저

이 마음 씻고 씻어 깨끗이 만들고저

이 마음 갈고 갈아 거울같이 만들고저

이 마음 비우고 비워 허공같이 만들고저

* 불교에서 신구의身口意로 지은 죄를 10악업이라고 하는데,
  살행殺生, 투도偸盜, 사행邪行, 망어妄語, 기어綺語, 양설兩舌,
  악구惡口, 탐심貪心, 진심嗔心, 치심癡心을 말함.

기도

정화수 깨끗이 떠서 바쳐 올리옵고
일주향一炷香 단정히 불살라 꽂사옵고
두 손 정성껏 한데 모두어
님의 앞에 절하며 비나이다

가없는 중생을 다 건지고저
끝없는 번뇌를 다 끊고저
한량없는 법문을 다 배우고저
위없는 대도를 다 성취코저
님이여 이 마음을 받아주소서

설법

법 본래 법이 없사오라
무슨 법을 설하오리
설할 법 없사오라
들을 자 그 누구이리
이것이 이름이 설법일까

용맹정진 6일

석존의 성도일成道日을 앞두고
은산철벽銀山鐵壁을 뚫으려고
하루
이틀
사흘
나흘
닷새
엿새
일념만년一念萬年
목탁 치자 종 울고
종 울자 죽비 치니
내 가슴 시원 상쾌하여라
하늘도 예 보던 하늘이 아니요
땅도 예 보던 땅이 아니어라

다생겁래로 찾던 길을 이제야 알았노라

사람은 서로 안 보이건만

말 없는 말 소리 없는 소리

이심전심以心傳心

시방세계에 벽이 무너져라

사면에 문이 없어라

사십구년 설법이 잠꼬대어라

조사서래祖師西來가 아무 뜻 없어라

이 눈물

삼천년 후 납월 팔일
성도재 서림西林의 새벽
님께서 보신 그 별을 보고
너와 나 둘이 운다

이것은 삼천년 전에 님께서 보신 그 별
그 별이 바로 지금 너와 나 둘이
보는 이 별
생각사록 뼈에 맺히는 님의 은혜
아 너와 나 둘이 운다
소리 없이 고요히 흐르는 이 눈물
동천東天에 저 별도 우리를 보고 운다

이 눈물 귀여운 이 눈물이여

이 눈물 깨끗한 이 눈물이여

이 눈물 외로운 이 눈물이여

이 눈물 고금에 한 번 있는 이 눈물이여

이 눈물을 아는 너와 나

둘이 두 손 마주잡고 울고 있다

울고 싶은 마음

창자가 끊어지도록 울고만 싶다
가슴이 찢어지도록 울고만 싶다
네 어찌 나를 울게 만들었노

목을 놓아 울어도 신통치 않고
발을 뻗고 울어도 시원치 않건만
그래도 울고만 싶다

산 보고 울어도 묵묵히 서 있고
물 보고 울어도 흘러만 가네
그래도 나 혼자라도 울고만 싶다

사람은
울고 나와서 울고 살다가 울고 가는 것일까

이렇게도 울고만 싶은 마음

* 이 시는 어떤 할머니가 학교에 다니는 손녀를 잃고 항시 울
  고 있는 것을 보고 썼다.

나를 놓아라

내가 있기에
나 아닌 다른 것들이 있느니라
나로 인하여
천지만물이 있고
그 중에도
미운 놈 고운 놈
고苦와 낙樂, 추麤와 정淨
선과 악, 시是와 비非가 생기나니
나만 없으면 모두가 없느니라

나를 놓아라
나를 비워버려라
나만 없으면
무엇이 괴로우랴

무엇이 즐거우랴
무엇이 미웁고
무엇이 고우랴
그 누가 원수이며
그 누가 다정하랴

내가 없거니
누가 울으랴
내가 없거니
누가 웃으랴

나만 버리면 편안하리라
나만 비우면 허공이 되리라
사면에 벽이 무너지고
시방세계에 문이 없어
오고 가도 걸림 없으리라

나를 놓기 어렵다 마라

내가 본래 없느니라
본래 없는 나를
만들어 나를 삼았으니
실상이 아닌 줄만 알면
붙잡고 몸부림치며
속을 것이 무엇인가

누가 나냐
내가 누구냐
나를 나라 하면
너는 누구냐
너를 나라 하면
나는 누구냐
너도 나도
모두가 거짓 이름이니
꿈이요 환幻이요 그림자니라
꿈에 울던 사람이
꿈 깨면 그만이니

꿈 깬 뒤에도

무엇 하려 울까 보냐

웃음도 또한 그러하니라

불대산佛臺山에서

불대산 구름 일어 하늘가에 흩어지고
삼청동 물이 흘러 바다로 돌아가는데
오고 와도 옴이 없고
가고 가도 감이 없는
내 하나의 외로운 영은
눈 못보고 귀 어두운 그대로

집을 찾아서

불대산佛臺山에 산그늘 내린다
크고 작은 봉우리들이 깜깜하여진다
나뭇짐들 떼 지어 앞내를 건너고
김매던 사내들 논두렁에서 발 옮기며
물동이 인 아낙네들 걸음이 바빠가고
밥 짓는 저녁 연기 한 마을에 퍼질 제
새끼 딸린 검은 소 주인 오길 기다린다

들에서 날아오던 참새 한 마리 두 마리
숲속에 숨어들고
까악까악 울고 가던 까마귀 소리
나뭇가지에 그치고
재를 넘는 구름도 마음이 바쁜 양
낯을 씻어가던 서늘바람도 다시는 아니 오고

이제는 해마저 제집을 찾아 들었는지
모두가 어둠의 품속에 흔적을 감춘다

쉬어라 고달픈 생의 무리여
소도 사람도 네 집에서 자거라
참새도 까마귀도
너 자던 가지에서 포근히 자거라
그믐도 바람도 해도
모두들 네 자리에서 편안히 쉬거라
길 잃은 이 몸은 언제나 집에 돌아갈지……

* 불대산에서 금강경강의金剛經講義를 초초草하면서

춘호春湖 영전靈前에서

본래무생의 님의 혼은
영겁무멸永劫無滅의 님의 법신입니다
음양을 받지 않은 님의 몸이어니
어찌 생사를 따라 오고 가릿가

그림자를 보고 님으로 알았던 환인幻人들은
실實 아닌 거품의 기멸起滅에 웃고 우나니
나는 님을 못 보는 그들이 안타까워서
외로운 님의 잔에 눈물을 기울입니다

내 님

있사와 모신 님이오니
없은들 어데 가셨으리
살아서 모신 님이오니
죽은들 어데 가셨으리
그리워 모신 님이오라
괴롭기로 어찌 내님 아니오리
이 몸이 죽고 나고 백천 번 할지라도
내 님은 하나시라 바꿈이 없사오리

공양

이 몸을 향을 만들어
님에게 공양하고저
이 몸을 등불을 만들어
님에게 바치고저
이 몸을 차를 만들어
님에게 마시고저
이 몸을 꽃을 만들어
님에게 보이고저
이 몸을 쌀을 만들어
님에게 올리고저

내 몸

내 몸의 피가 님의 것이오니
살인들 님의 것 아니오리
뼈도 또한 님의 것이오라

사대四大가 님의 것이오매
대지 전체가 님의 것이오라
모두가 님의 것이오매
내 몸은 없사오라
내 몸이 따로 없사오매
모두가 내 몸이오라

관음보살의 마음

나는 너를 위하여 사노라
나는 너를 위하여 웃노라
나는 너를 위하여 우노라
나는 모두 너와 함께 하노라
나는 네가 좋아하는 대로
천수 천안과 자재화신을 나투노라
나는 모두가 너뿐이요 나는 없노라

나는 너를 건지고저
불속에라도 들어가노라
나는 너를 살리기 위하여
물속에라도 뛰어드노라
지옥에라도

짐승들 틈에라도

아귀들 틈에라도

네가 괴로워서 나를 부르기만 하면

나는 곧 그 자리에서 너를 건지노라

평등

산은 높아야 하고
바다는 낮아야 하느니
산과 바다가 가지런하여 보라
중생들이 어떻게 살 수 있는가

조리는 새어야 마땅하고
항아리는 막혀야 하느니
학의 목이 길다고 끊으면 병이요
오리 다리가 짧다고 이으면 근심되리
끊지도 잇지도 말고
생긴 그대로 두어 두소

생과 사

생生 있어 사死 있고
사 있어 생 있느니
남이 없으면 죽음도 없고
죽음 없으면 남도 없으리
생·사 없고 보면
고·락이 어디 있으리
생·사 없는 길에
마음을 쉬어볼까 하노라

고와 낙

사람들은
고苦를 싫어하고
낙樂을 좋아하네

고를 싫어하거든
낙도 좋아 마소
낙을 좋아하거든
고도 싫다 마소

하나이면서 둘이요
둘이라도 하나이니
하나 이것마저 없고 보면
고와 낙이 허환虛幻이리

둘 다 내게서 생긴 것이니

누구를 좋아하고

누구를 싫다 하리

걱정

집이 없더니
잘 곳이 없더니라
집을 장만했더니
화재가 있더니라

걱정을 다는 저울이 있으면
없는 놈과 있는 놈을
달아볼까 하노라

번뇌

병들어 앓는 사람
괴롭다 말라
병이 아니었다면
약의 고마움을 어이 알리

번뇌 있어 괴로운 사람
끊으려고 애쓰지 말라
번뇌 없었던들
중생만 없으리요
부처도 보지 못할 것을

다행히도 번뇌는
일체현성一切賢聖의 어머니

소원

부귀 공명 장수
그밖에 좋은 것
모두 다 소원이옵네
그러나
모든 원을 다 이루지 못할지라도
한 가지 원만은 바라옵나니
원컨대 원 없는 사람이 되어지고저

어디로 가셔요

아버지

어머니

형님

누이들

지금 당신네들은 어디로 가셔요

지금 당신네들이 타고 가는 차는

어디를 향하여 달리고 있는가요

당신네들은 무슨 볼일이 있으신가요

나는 당신네들이 가시기에

당신네들의 뒤만 따라 나섰습니다

알고 싶습니다

이 차는 어디를 향하여 가는 차인가요

이 차는 어디가 종점인가요

이 차는 종점도 없이 달리기만 하는가요
종점이 있어 거기서는 다 내리게 되는가요
종점이 있다면 종점은 무슨 역인가요
이 종착역에 도착일시는 언제인가요
그리고 이 역에서 내리면 그만인가요
또 어디를 찾아가야 하나요
묻고 싶습니다
아버지 어머니 형님 누이들에게

무소득無所得

줄 것이 없사오라
받을 것이 또한 없네
얻을 것이 없사오라
잃을 것이 무엇이리
아무것도 없사오라
삼세제불이 이것으로 살아왔네
나도 또한 이것으로 살아가네

바라밀

가자 어서 가자
저 언덕으로 어서 가자
금강金剛 반야般若 배를 타고
무생無生의 피안彼岸으로 저어 가자

가자 어서 가자
너도 나도 빨리 가자
여기는 생사고해生死苦海
저 언덕은 열반낙토涅槃樂土

가자 어서 가자
모두 함께 어서 가자
어둠의 이 땅에서
광명의 저 나라로

가자 어서 가자
서산 낙조 어둡기 전에
중생의 이 세계에서
제불諸佛의 저 국토에로

가자 어서 가자
풍랑이 천지를 뒤덮기 전에
돛 달아라 노 저어라
안심입명安心立命의 저 언덕으로

가자 어서 가자
가기는 어디로 가리
반야도 배가 아니라오
피안도 저 언덕이 아니라네
일보도 옮기지 않고 예가 곧 피안이네
가고 옴이 없는 이 나라가 도피안到彼岸
부처와 중생이 없는 이 나라가 도피안

무명초

어느 때 생긴지도 모르는
모양 없는 풀이라
이름도 없는 풀이라
꽃이 없어 벌 구경도 못하고
향기 없어 나비도 오지 않는다

나물 캐는 처녀들도 못 본 척하고
데설궂은 나무꾼들도 그대로 간다
방랑의 걸인도 나를 안 돌아보거니
귀한 집 정원이 어찌 내 차지오리
찌그러져 가는 언덕 쑥대 우거진 머리
여기서 어제도 오늘도 보내노라

그러나

봄은 몇 번이고 굽어보고
가을은 해마다 찾아들어
피었다 시들었다 하며
밤에는 반짝이는 별들을 보고
낮에는 따뜻한 태양을 받으며
이렇게 이렇게 살고 있노라

봄을 찾고저

봄이 왔다기에
봄을 맞으려고
산으로 들로
찾아 다녔노라
그러나
봄을 만나지도 못하고
저물게 집에 돌아왔더니
아침까지 안 보이던
매화 한 송이가
나를 보고 뜰에서 웃고 있네

배우자

산에 가거든 산을 배우자
바다로 가거든 바다를 배우자
태양을 보거든 태양을 배우고
우뢰를 듣거든 우뢰를 배우자

들리는 것마다 무설설無說說의 법음法音
보이는 것마다 무문자無文字의 경권經卷
진대지盡大地가 청정법신 비로자나불

소리 없는 소리

지난 해 늦은 봄 삼월
들보 위에 집을 지으며
날 보고 지저귀던 제비
제비는 가고 없건만
소리는 지금도 들보에 남아 있네

지난 해 늦은 가을 고요한 밤
서리 차고 달도 차던 밤
남으로 남으로
울며 날아가던 기러기 소리
기러기는 간 지 오래건만
지금도 잠 아니 오는 밤이면
기러기 소리 베갯가에 들리네

이별

웃고 만난 사람들
울고 갈리어라
이 세상 나올 때 다 좋아하더니
이 세상 떠날 때 다 슬퍼하네

새는 죽을 때 울음이 슬프고
사람은 죽을 때 말이 착하다네
옥문獄門도 떠날 때 뒤가 돌아보이고
원수도 갈린 뒤에는 서운하다네

이별은 이렇게도
잊지 못할 마지막의
최애最愛 최선最善의 낙인을
사람의 가슴에 찍고 가는가

돌을 보고

나는 너를 사랑한다
너도 나를 사랑하느냐
나는 너를 보고 있다
너도 나를 보고 있느냐
나는 너를 돌이라 부른다
너는 나를 무엇이라 이름하느냐
돌은 말없이 서 있다
나는 돌이 부끄러워서
얼굴을 붉히고 눈을 감았노라

고목

사슴의 뿔과도 같이
나는 피 없이 뼈만 남은 고목
푸른 잎도 원하지 않네
붉은 꽃도 바라지 않네

무단한 바람이 긴 해를 오가면서
내 몸에 푸른 옷을 입혀줄 뿐
나는 고마운 생각도 없이 서 있네
봄바람에도 마음을 불변하였거니
가을 서리엔들 어찌 변하오리

이따금 지나가는 새들이
하늘이 너무 길어서인지
내게 앉아 쉬어가네 울다가네

그러나 나는

반기지도 않네 서운치도 않네

석종 夕鐘

가물가물 저녁노을 산을 덮을제
종소리 멀리서 가만히 들려오네
가물가물 사라져가는 종소리 듣고
날새들도 숲을 찾아 돌아가네
짐승들도 보금자리로 돌아가네
사람들도 제집을 찾아 돌아가네
모두들 안심입명처 安心立命處로 돌아가
편안히 쉬라 고요히 잠들라

효종曉鐘

새벽 하늘 새벽 절에
새벽 종이 운다
뎅 뎅 뎅
뎅-
뎅-
종소리 하늘로 올라간다
종소리 땅으로 내려온다
이렇게 올라갔다 내려왔다

또 다시 올라간다
컸다 작았다 또 컸다
뎅- 소리 법계에 두루한다
팔만사천 지옥문이 열린다
화탕지옥火湯地獄이 서늘하여진다

삼도三途 고에 걸린 인생들도 쉬어라

사고팔고四苦八苦에 빠진 인생들도 쉬어라

백팔번뇌도 서늘하여지라

천칠백 공안公案도 종소리에 터지라

새벽 하늘 새벽 절

새벽 종소리

뎅–

뎅–

뎅–

인생의 가을

가랑나무 떡갈나무
상수리 도토리
잎 떨어지네 열매 쏟아지네

낙엽을 울던 시인
시인을 울던 의사
반생을 같이한 친구
모두 가고 없는데
이 다음 차례를 기다리고
걷고 있는 고달픈 나의 생이여

내 곱던 얼굴에
내 윤나던 머리에
골이 생기네

서리가 덮여지네

오- 흘러가는 인생이여

해제

부처 이름 뉘 마련하고
중생 이름 또 누가 만들었노
제 마음이 부처요
제 마음이 중생이건만
사람들이 제 알지 못하고
한 마음 두 토막 내어
여기저기 착着하더라

깨려도 깰 것 없고
찾으려도 찾을 것 없나니
밥 먹고 잠자는 외에
무슨 일이 또 있는가
중아 말 물어 보자
너 무엇 하러 괴로이 앉았는고

배울 것 없다
산 푸르고 물 흘러가며
꾀꼬리 노래하고 제비 말하지 않는가

구하지 말라
구하면 괴로웁나니
무심無心하면 편안하리라
무심하기 어렵다 마라
욕심만 쉬면 그만이니
걸림 없는 도를 알리라

밉고 고운 것이 본래 없고
너와 내가 둘 아니다
하나 이것도 공하였거니
부처와 중생이 어디 있으리
마음은 마음도 아니지마는
마음 아닌 데도 착着하지 말라

해제일에

참선이 좋다 하여 살림까지 내버리고
궁벽한 산속을 마음먹고 찾아들어
먹고 자고 자고 먹고 금족禁足이 구십일
오늘이 해제라기 허망하기 짝이 없어
오던 길 돌아보고 갈 길을 내다보니
이것이 불법인가 허허 웃음뿐이어라

꼬박꼬박 기다리던 늙으신 어머니며
손 벌리고 반겨 맞는 어린 손자에게
무엇을 바치오리 무엇을 쥐어주리

한 물건도 없사오라 한 물건도 없사오라
우거진 대 수풀 만 년 푸르러 있고
깎아 세운 천 길 절벽 여기가 지장암地藏庵

구름은 하늘에서 물은 돌머리에서
말로는 못하오니 다음날 와서 보소서

납월 삼십일

천사만념千思萬念이 다 재 되어 버리고
백척간두百尺竿頭에 다다랐네
산도 다하고 물도 다하였으니
향상일로向上一路를 어디서 찾을까

무궁無窮에서 무궁으로
흘러가는 시간의 작희作戱로
무량의 생명들이 꺼지고도
어제도 오늘도 한결같이
생사바다에서 떠다니고 있네

오늘은 경자년 납월 삼십일
내일은 신축의 새해 첫 아침
잘 가라 잘 오라

그러나 불멸의 영원존재는

시와 공을 초월한

무거무래無去無來의 상주常住이리

화장장에서

일점영명一點靈明의 불을 붙여
지수화풍을 태우노라
뼈와 살도 다 타거라
피와 눈물도 다 타거라
웃음도 다 타거라
육근六根 육진六塵이 다 타거라
구억의 벌레들도 다 타거라
삼독三毒의 탐진치貪瞋痴도 다 타거라
백팔번뇌도 다 타거라
팔만사천 지옥도 다 타거라
환멸幻滅까지 다 타거라

그러나 어찌할 수 없는 일물一物
태우려도 태울 수 없는 일물

이것은 생사를 따라가지 않아라

이것은 음양신陰陽身이 아니어라

심우尋牛 십송十頌

심우尋牛

늦게야 소를 찾고저

내 집을 떠났노라

무명악초無明惡草 길*이 넘어

사면에 길이 험하기로

자기 얼굴을 알지 못하고

한 해 두 해 비바람 속에

헛되이 세월을 보냈노라

* 길은 사람의 키 정도의 길이를 말함

견적見跡

물소리 들리니 간밤에 비온 자취요

복숭아 향기 풍기니 오늘 아침 꽃이로다

물소리와 복숭아꽃 둘 다 좋으니
알괘라 여기가 무릉도원인가
신선이 삶직 하여라

견우見牛

마음과 경계가 다 비었거늘
소는 무엇이며 보는 이 누구런고
봄을 찾고저 종일 쏘대다가
집에 돌아와서 뜰의 꽃을 보았네

득우得牛

얻기는 무엇을 얻었으리
원래 집에 있던 소인 것을
소 타고 소 찾았으니
허망하기 짝이 없어라

목우牧牛

선도 마음이요 악도 마음이니
닦아야 옳은가 끊어야 옳은가
닦지도 끊지도 않는 것이 옳은가
모두가 험한 길이로다
청천만리青天萬里에 달 일색一色이 되고저

기우귀가騎牛歸家

소 타고 피리 불고 고향에 돌아오니
푸른 하늘 만리에 구름도 한가해라
도중사途中事를 물어 무엇하리오
한 물건도 님의 앞에 바칠 것이 없사오라

망우존인忘牛存人

홀로 옛집에 앉아 있으니

많은 해 지난 일이 모두 꿈이로다

아무 일 없으니 뉘 알리오

일륜명월一輪明月만 외로이 떠 있어라

인우구망人牛俱忘

느니나 나니나

나니나 느니나

산 없는 곳 구름도 안 보이네

물도 흐르지 않고 사람도 끊어졌으니

적적한 빈 다락만 천추千秋에 서 있어라

반본환원返本還源

짧은 놈 짧은 데 긴 놈 긴 데 쓰니

촌寸과 척尺이 그대로 평등일레

농부는 아침에 밭으로 가고

어옹漁翁은 저물게 바다로 가네

수수입전垂手入廛

소 찾으려 나선 사람
물 긷고 나무하기 모두 이 일일세
태평일곡太平一曲 간 데마다 좋을시구
대장부 살림살이 이만하면 족하여라

내살림

이내살림 가난타고
사람들아 웃지마소
손에가진 주장자로
이리저리 활보하니
간데마다 청풍일세
크고작은 천지안에
넓고좁고 내집이라
집속에든 가진보물
많고적고 내것이네
가다가는 자고자고
자다가는 가고가고

푸른산도 좋을씨구
바닷물도 좋을씨구

잔디밭도 좋을씨구

거리도중 좋을씨구

웃음소리 좋을씨구

우는눈물 좋을씨구

극락세계 좋을씨구

지옥연화 좋을씨구

부처되어 좋을씨구

중생되어 좋을씨구

알고보니 좋을씨구

모르는놈 좋을씨구

영리하여 좋을씨구

미련하여 좋을씨구

고운놈이 좋을씨구

미운놈이 좋을씨구

깨끗하여 좋을씨구

더러워서 좋을씨구

밝고밝아 좋을씨구

어두워서 좋을씨구

곧고곧아 좋을씨구
구불구불 좋을씨구
크고커서 좋을씨구
작고작아 좋을씨구
모낫다고 좋을씨구
둥글둥글 좋을씨구

위아래로 비어있고
좌로우로 통하였네
앞뒤에도 걸림없고
동서사방 막힘없네
예와이제 한때이고
너와내가 한몸이라
가지마라 못붙잡고
오지마라 못막으리
나만아는 이경계를
웃어볼까 울어볼까

구름잡아 병풍이요
해와달도 촛불이라
솔바람은 거문고요
대수풀은 젓대로다
간숫물은 흘러흘러
무정곡을 불러주고
새짐승은 곡조맞춰
무생가를 화답하네
이리좋은 자연경을
친구에게 주진못해

산에올라 나물캐고
바다로가 고기낚기
들로가면 김을매고
십자로에 장사하기
물에들어 발씻으니
달그림자 흔들리고
짝손으로 소리치니

메아리가 대답하네

배고프면 밥을먹고

목마르면 물마시고

피곤하면 누어자고

봄이오면 괭이들기

겨울되면 도끼들기

이렇듯이 가고가고

이렇듯이 자고자고

이렇듯이 살고있네

열반가

나는 가네 나는 가
이 세상을 이별하고
나는 가네 나는 가
嗚呼 嗚呼 南無阿彌陀佛

나는 가네 나는 가
정든 산천을 이별하고
나는 가네 나는 가
嗚呼 嗚呼 南無阿彌陀佛

나는 가네 나는 가
부모 형제를 이별하고
나는 가네 나는 가
嗚呼 嗚呼 南無阿彌陀佛

나는 가네 나는 가
처자 권속을 다 버리고
나는 가네 나는 가
嗚呼 嗚呼 南無阿彌陀佛

나는 가네 나는 가
친구들과 작별하고
나는 가네 나는 가
嗚呼 嗚呼 南無阿彌陀佛

나는 가네 나는 가
부귀공명을 다 버리고
나는 가네 나는 가
嗚呼 嗚呼 南無阿彌陀佛

백년 삼만 육천 일을
우리 인생이 산다 해도
허망하기 짝이 없네

嗚呼 嗚呼 南無阿彌陀佛

갖은 권세를 다 부리고
무소불위 호령하던 사람들도
죽음의 앞에서는 항복을 하네
嗚呼 嗚呼 南無阿彌陀佛

화용월태花容月態 고운 맵시
분 바르던 가인佳人들도
죽어지면 찾는 이 없네
嗚呼 嗚呼 南無阿彌陀佛

말 잘하고 글 잘하여
대접받던 문인 변사들도
갈 때에는 고혼孤魂만 가네
嗚呼 嗚呼 南無阿彌陀佛

어디로 가 어디로 가

산첩첩山疊疊 수중중水重重하니
어디로 가 어디로 가
嗚呼 嗚呼 南無阿彌陀佛

어디로 가 어디로 가
해도 지고 달도 없으니
어디로 가 어디로 가
嗚呼 嗚呼 南無阿彌陀佛

어디로 가 어디로 가
앞길이 캄캄하니
어디로 가 어디로 가
嗚呼 嗚呼 南無阿彌陀佛

어디로 가 어디로 가
사람 하나 볼 수 없으니
어디로 가 어디로 가
嗚呼 嗚呼 南無阿彌陀佛

어디로 가 어디로 가
노자 한 푼 없는 신세
어디로 가 어디로 가
嗚呼 嗚呼 南無阿彌陀佛

어디로 갈거나 어디로 가
일륜日輪은 결정코 서西에로 가는데
금일 영가는 어디로 가
嗚呼 嗚呼 南無阿彌陀佛

꿈이로구나 꿈이로구나
사대四大가 무너지니
육근 육진도 없어지네
嗚呼 嗚呼 南無阿彌陀佛

허망하네 허망하여
환진幻塵이 없어지니
환심幻心도 없어지네

嗚呼 嗚呼 南無阿彌陀佛

환幻이로구나 환이여
환심幻心이 없어지니
환멸幻滅도 또한 없네
嗚呼 嗚呼 南無阿彌陀佛

알지로다 알지로다
환멸幻滅이 다 없어지니
비환非幻은 불멸하네
嗚呼 嗚呼 南無阿彌陀佛

모든 것이 무상하여
나고 죽는 법이로다
생사마저 없고 보면 적멸이 낙이라네
嗚呼 嗚呼 南無阿彌陀佛

살아 있는 사람들아

죽어지면 그만이라고
그런 말을 하지마소
嗚呼 嗚呼 南無阿彌陀佛

어제가 있으면 오늘이 있고
오늘이 있으면 내일이 있나니
삼생을 모르는 사람이 어리석기 짝이 없네
嗚呼 嗚呼 南無阿彌陀佛

인과가 분명하여
악한 사람은 지옥으로 가고
선한 사람은 천당으로 가네
嗚呼 嗚呼 南無阿彌陀佛

어서 가자 어서 가 내 고향을 어서 가
내 고향이 어디메뇨
무거무래無去無來 역무주亦無住 레
嗚呼 嗚呼 南無阿彌陀佛

오도송 悟道頌

목탁소리 종소리 죽비소리에
봉새가 은산철벽 밖으로 날았네
사람들이 나에게 기쁜 소식 묻는다면
회승당 안에 만발 공양이라 하리라

鐸鳴鐘落又竹篦　鳳飛銀山鐵壁外
若人間我喜消息　會僧堂裡滿鉢供

열반송 涅槃頌

생사가 이르지 못한 곳에
하나의 세계가 따로 있다네
때 묻은 옷을 벗어버리자
비로소 밝은 달 훤할 때로다

生死不到處 別有一世界

垢衣方落盡 正是月明時

* 1974년 3월 9일 새벽 서래선림에서 열반 직전에 제자들의
  간청으로 이 한 구를 남기시다.

● 해안海眼 선사

1901년 전북 부안에서 태어났다.

14세에 내소사 만허선사에게 득도하고, 17세에 백양사에서 만암대종사를 계사로 사미계를 수지하였다.

18세인 1918년 12월, 성도절을 앞둔 '7일 용맹정진'에서 학명 선사로부터 은산철벽을 뚫으라는 화두를 받고 생사를 걸고 정진하였다. 그리고 마침내 7일째 되는 날, 저녁 공양을 알리는 목탁소리에 이어 종소리가 울리고 죽비소리가 탁!탁!탁! 들리는 순간 시방세계 벽이 무너지고 사면의 문이 없어져 다생겁래로 찾던 길을 알게 되었다.

22세에는 불교중앙학림을 졸업하고 중국으로 구도행을 떠나 선지식들을 참방하는 한편 북경대학에서 2년간 불교학을 공부하였다.

고국에 돌아온 스님은 주로 내소사와 월명암, 금산사 등에 주석하며 참선과 대중 교화에 전념하였으며, 선원(서래선림)을 개설하고 납자들을 제접하였다.

1969년에는 스님을 따르던 대중들이 불교전등회를 창립하여 스님을 대종사로 추대하니, 스님은 내소사 외에도 전주와 서울에 주석하시며 대중들을 이끌어주었다.

1974년 3월 9일(음) 새벽, 내소사 서래선림에서 입적하니, 세수 74세, 법랍 57년이었다.

시심시불 是心是佛

개정판 1쇄 인쇄 2013년 9월 13일 | 개정판 1쇄 발행 2013년 9월 23일
지은이 해안 선사 | 펴낸이 김시열
펴낸곳 도서출판 운주사

　　　서울 성북구 동소문동 4가 270번지 성심빌딩 3층
　　　전화 (02) 926-8361 | 팩스 0505-115-8361
ISBN 978-89-5746-356-7　03220　값 10,000원
http://cafe.daum.net/unjubooks 〈다음카페: 도서출판 운주사〉